Couvertures supérieure et inférieure manquantes

LA

FONTAINE

DE SAINT-ROME

A ANIANE (Hérault).

LETTRE A MONSIEUR LE PRÉFET

PAR

C. PLANTEL

Distillateur.

MONTPELLIER
Typ. administrative de L. Cristin et C⁰, rue Vieille-Intendance, 5,
1867

Monsieur le Préfet,

L'homme du peuple qui, oublieux de son intérêt personnel, cherche à porter à la connaissance de l'Autorité supérieure des abus séculaires qu'il serait temps de réprimer, doit être pénétré d'une conviction bien profonde pour oser affronter l'orage qu'il va soulever contre lui. Aussi n'ai je point compté sur mes propres forces pour atteindre le but que je me suis proposé; si j'ai foi en la justice de ma cause, je n'ai pas une moindre confiance dans votre équité, c'est à elle que j'en appelle, et c'est à elle que je viens demander un appui.

En livrant à l'impression cet opuscule, que j'ai l'honneur de vous adresser, je n'ai eu qu'une intention, celle de donner un poids considérable à mes assertions, laissant de côté toute question de littérature, question secondaire s'il en fut pour moi; vous priant, au contraire, Monsieur le Préfet, de pardonner mes défaillances de style, pour ne voir que le mobile qui me fait agir.

Depuis un temps immémorial, Aniane possède une source magnifique, la source de Saint-Rôme, que lui envierait mainte ville de 50,000 habitants et qui, par suite de la façon arbitraire dont on régit ici les biens communaux, peut à peine suffire aux besoins de quelques usines, dont deux ou trois tout au plus méritent ce nom. L'eau, accaparée par quelques personnages du pays, qui en abusent à qui mieux mieux, malgré son volume énorme, arrive aujourd'hui à 150 mètres de sa source, alors que naguère encore elle arrosait les rues d'Aniane, arrosage dont le besoin se fait impérieusement sentir ; les arrêtés préfectoraux ordonnant la réglementation des prises d'eau audacieusement violés ; les délibérations municipales arrachées du registre *ad hoc ;* la ville privée d'une partie considérable de son budget, voit ses ressources pécuniaires suivre une pente désastreuse. Tels sont les faits que je ne veux point qualifier, mais sur lesquels j'ose appeler l'attention de notre premier Magistrat.

Mon intérêt privé, comme celui de tout petit industriel, serait de laisser les choses aller leur train accoutumé au détriment de la majorité de la population; mais pour tout homme de cœur, il existe un autre intérêt qui doit primer, celui de tous.

Que mes adversaires prétendent que je suis poussé par toute autre considération, je leur ferai la part plus belle qu'ils ne le pensent ; tout ce qu'ils pourront arguer contre moi, je le leur accorde. Je ne tiens qu'à une seule chose, démontrer la vérité des faits que j'avance, aussi invraisemblables qu'ils puissent paraître, heureux si je puis, un jour, me dire que j'ai fait quelque chose pour le bonheur et la prospérité de mes concitoyens.

Veuillez agréer, Monsieur le Préfet,

l'hommage des sentiments les plus respectueux

de votre très-humble et obéissant serviteur,

C. PLANTEL.

Aniane, le 16 avril 1867.

A 600 mètres environ à l'est d'Aniane, sur la rive droite du ruisseau de Corbières, sous une maison d'habitation appartenant à M. Yon Vernière, propriétaire et juge de paix, jaillit la belle source de Saint-Rôme. Un réservoir pratiqué sous cette maison reçoit les eaux ; c'est là que viennent aboutir les conduits qui alimentent les nombreuses fontaines de la ville et l'aqueduc qui porte l'eau dans la Maison centrale.

On peut facilement se faire une idée de l'importance de cette source, en voyant le superflu des eaux s'échapper à torrents du bassin réservé pour tomber dans un deuxième bassin découvert, autrefois lavoir public, devenu probablement inutile, et se précipiter bondissantes dans la direction de la ville, qu'elles n'atteignent plus depuis un certain nombre d'années. Cet ancien lavoir, ainsi que le canal qui conduisait autrefois les eaux, sont complètement en ruines et témoignent hautement de l'incurie, de l'incapacité ou du mauvais vouloir des conseils municipaux qui se sont succédé jusqu'à ce jour.

C'est dans l'ancien lavoir public et sur le parcours du canal que certains propriétaires ou industriels, assez riches pour se permettre une dépense relativement considérable, ont pu, en invoquant l'intérêt général, pratiquer des prises d'eau pour les besoins de leur pot-au-feu ou de leur industrie, se promettant bien de ne remplir aucune des conditions imposées par les règlements et de ne suivre que les impulsions de l'arbitraire le plus capricieux.

Je ne veux accuser personne; je veux citer seulement. Les 8/10es de ceux qui possèdent des prises d'eau sont ou bien ont été des conseillers municipaux. Il est bien évident que si le premier qui se permit une infraction au règlement avait été vertement tancé et rappelé à l'ordre, un autre eût regardé à deux fois avant de commettre le même délit ; mais dès qu'il y eût tolérance pour un, tous les autres durent croire qu'il leur était permis d'agir à leur guise, et de là il est résulté un état de choses que la modération, dont je ne me départirai point, me fait appeler calamiteux, et il devint, par la suite, impossible au Conseil municipal de prendre une décision d'intérêt général contre un abus commis par un habitant de la commune, sans que cette décision portât atteinte aux intérêts particuliers d'un ou de plusieurs membres de ce Conseil. On peut tirer de ce fait toutes les conséquences que l'on voudra, on sera toujours dans le vrai.

Cependant, lorsque je vois le bassin découvert obstrué, disons mieux, rempli de cailloux et de grosses pierres, que l'on a détruit des martellières énormes, comme celle, par exemple, de M. Yon Vernière, qui laisse perdre la moitié de l'eau et la jette incontinent à la rivière à cinq mètres de la source ; le canal dans un état impossible à dire, je me demande comment il se fait que l'on ait jadis dressé un procès-verbal contre de jeunes fileuses de M. Farel, qui avaient lancé dans le lavoir public de petits cailloux qu'elles portaient dans leur tablier.

N'en a-t-il donc pas toujours été ainsi et la responsabilité n'en doit-elle retomber que sur une administration plus récente, ou bien n'en voulait-on qu'à M. Farel ? Pourquoi n'a-t-on pas dressé procès-verbal contre les devanciers de M. Yon Vernière, lorsqu'ils ont englobé dans leur jardin une partie du canal de la fontaine, en construisant le mur de ce jardin sur le terrain communal ? Autant de problèmes qu'il ne m'est pas permis de résoudre. Je ne puis que constater l'état d'abandon dans lequel on laisse la fontaine et l'abus que font certains personnages d'un bien qui ne leur appartient pas, au détriment de la population qui en est incontestablement propriétaire.

En juin 1823, M. Vernière, fabricant de crème de tartre, dans une pétition à M. le Préfet, expose «*qu'un aqueduc formé de tuyaux en terre cuite conduit dans sa fabrique l'eau qui lui est nécessaire ; mais comme cette eau ne lui est pas continuellement utile, il désire l'employer à l'arrosage d'une luzerne qu'il possède à une autre extrémité de la ville, etc.; que d'autres particuliers ont pratiqué des prises d'eau, etc., etc.*»

Le 5 juillet suivant, M. le Préfet, avant de se prononcer, arrête que la pétition sera communiquée au Conseil municipal, et, mû par des considérations toutes d'intérêt général, il demande si les personnes qui ont pratiqué les prises ont agi en vertu de titres, ou bien si, dans le cas contraire, elles paient une redevance à la Commune.

Le 4 août, le Conseil municipal, non seulement refusa son adhésion à la demande de M. Vernière, mais encore il vota la suppression d'une deuxième prise que celui-ci possède dans le jardin de son oncle. Il dit « *qu'il est vrai que des particuliers ont établi, dans le canal de la fontaine, diverses prises d'eau qui ont été tolérées et qui servent à l'alimentation de plusieurs fabriques de tannerie et de crême de tartre ; que ces prises, ainsi que celles usurpées par le pétitionnaire ou ses auteurs, sont cause que dans le temps des chaleurs, le canal est presque à sec ; que le public est privé d'aller laver son linge et les propriétaires d'arroser leurs prés et jardins.* »

Notons en passant que le Conseil municipal, dans cette délibération du 4 août, prétend que c'est par tolérance que des fabricants ont pratiqué des prises d'eau sur le parcours du canal de la fontaine publique, et ne qualifie d'usurpées que celles établies par M. Vernière. Il me semble, et je crois ne pas trop m'avancer, qu'il serait aussi difficile aux uns qu'aux autres de montrer des titres établissant leurs droits.

Évidemment, ici, le Conseil use de réticences. Il ne veut pas aller plus loin, et les mesures de répression qu'il demande ne doivent atteindre que M. Vernière.

De deux choses l'une, ou bien les prises tolérées ne nuisent en rien aux usages anciennement établis, ou bien elles leur sont contraires. Dans la première hypothèse, pourquoi le Conseil prétend-il que ces prises, ainsi que celles usurpées, sont cause que le public est privé d'aller laver son linge et les propriétaires d'arroser leurs prés et jardins? Dans l'hypothèse contraire, je ne vois pas pourquoi condamner l'usurpation des uns et passer sous silence celle des autres? On n'accusera pas Messieurs les Membres du Conseil municipal d'avoir péché par excès de logique.

Si l'on s'arrête aux considérants de M. Vernière, dans sa nouvelle demande à M. le Préfet, datée du 17 septembre suivant, il semble que M. le Maire n'aurait pas été poussé seulement par son amour excessif de l'intérêt général, mais peut-être bien par tout autre motif qui n'aurait rien que de très-privé.

Voici ce que prétend M. Vernière :

« *Il est aisé de voir que M. le Maire, en commettant un pareil acte (le bris de plusieurs tuyaux en terre cuite), qu'on peut qualifier arbitraire, a eu moins en vue l'intérêt de la Commune que le plaisir d'assouvir sa vengeance contre l'exposant, qui avait intenté un procès contre son père, devant le juge de paix d'Aniane, au sujet de la démolition d'une chaussée qu'il avait construite dans le fonds de l'exposant, et sur lequel est intervenu un jugement, dans le mois* d'août dernier, qui condamne le sieur Dupin père à la démolition de cette chaussée et aux dépens. »

Le refus fait par le Conseil municipal à M. Vernière tient donc évidemment à l'antagonisme qui existait entre ce fabricant et M. Dupin, maire ; cet antagonisme est palpable : c'est là-dessus que repose tout le fonds de la discussion, et c'est l'intérêt général en main que l'on bat la grosse caisse. Ce qui en est une preuve irrécusable, c'est : 1° qu'il ne fut rien répondu au sujet de la réglementation des prises d'eau et du paiement d'indemnité par les possesseurs tolérés, que demandait instamment M. le Préfet par ses arrêtés des 5 juillet, 3 septembre et 21 novembre 1823 ; 2° parce que rien ne me démontre que d'autres se soient adressés à M. le Préfet pour obtenir la même autorisation que celle que demandait M. Vernière ; 3° c'est que l'on a toujours laissé ignorer à ce magistrat qu'il existait un règlement qui faisait face à toutes les exigences, donnant la quantité d'eau à prendre, le nombre d'heures dévolues aux habitants autorisés à jouir de la fontaine publique, et probablement aussi la somme à payer annuellement par chacun d'eux.

Je dis probablement car, si je suis certain de l'existence de ce règlement, je ne puis en connaître exactement le contenu, ce document indispensable ayant été *emporté* des archives......, et nous verrons plus tard que cette pièce importante n'est pas la seule qui manque au dépôt confié à des gens qui devraient en être les gardiens moins infidèles.

Avant d'aller plus loin, je dois rendre hommage à la prévoyance et à l'esprit de justice qui paraît avoir présidé à la rédaction de l'arrêté préfectoral du 21 novembre 1823, que je transcris ci-dessous presqu'en son entier :

« Le Préfet du département de l'Hérault,

» Vu, etc....

» Arrête ce qui suit :

» 1° Notre arrêté du 3 septembre 1823 est confirmé et les dispositions de celui du 18 du même mois (1), qui sont contraires aux dispositions du premier desdits arrêtés, sont rapportées.

» 2° M. le Maire de la ville d'Aniane demeure chargé de rédiger un projet de règlement relatif à la distribution des eaux provenant de la source Saint Rome et destinées à l'irrigation des propriétés et à l'usage des fabriques,

» 3° Ce règlement devra indiquer les propriétaires qui jouissent par tolérance et ceux qui jouissent en vertu d'un titre.

» Les indemnités que les premiers doivent payer annuellement à la Commune.

(1) Autorisant provisoirement M. Vernière à laisser subsister la prise d'eau condamnée par décision municipale.

» Les charges qui, d'après les titres, sont imposées aux seconds.

» La quantité d'eau dont chacun d'eux doit jouir.

» Les jours auxquels cette jouissance doit avoir lieu et le nombre d'heures pendant lesquelles elle devra être exercée.

» Enfin, toutes les conditions que les localités et le bon ordre comportent.

» 4° Ledit règlement sera soumis ensuite à la délibération du Conseil municipal avec les titres que certains propriétaires peuvent avoir à leur disposition, pour être ensuite revêtus de notre approbation, s'il y a lieu.

» Fait à Montpellier, etc. »

M. le Préfet, ne se doutant nullement de la comédie qui se jouait en ce moment, et croyant prendre l'initiative de mesures favorables au développement du bien-être général, dépassait le but que voulait atteindre l'administration locale et lui traçait une route qu'elle était d'hors et déjà bien décidée à ne point suivre. Les mêmes motifs qui faisaient qu'elle laissait ignorer à M. le Préfet l'existence d'un règlement qui datait de 1791, l'empêchaient encore de se conformer à des ordres dont l'exécution devait, nécessairement, porter atteinte à l'intérêt particulier de la majorité des membres du Conseil.

Le 26 octobre de cette même année, dans la délibération qui devait provoquer l'arrêté préfectoral que je viens de citer, le Conseil municipal, qui semble animé des meilleures intentions, déclare que, « *désirant mettre un terme à toutes les discussions qui pourraient survenir, et toujours porté à défendre les droits de la Commune, demande que le mur de clôture du jardin de M. Vernière qui longe le canal communal qui a été construit par ses devanciers, soit abattu, afin de mettre à découvert ledit canal, pour qu'on puisse surveiller les entreprises illicites qu'on pourrait y faire.* »

Il était de toute justice que le mur de ce jardin fût démoli ; mais cette mesure, atteignant d'autres personnes que le fabricant de crême de tartre, ne reçut point l'accueil qu'on en avait espéré d'abord, et cette délibération, signée déjà par quelques-uns des membres du Conseil, fut arrachée du registre et remplacée par une autre ne contenant plus l'alinéa dont je viens de parler ; l'intérêt de quelques usurpateurs, peu soucieux du droit, commandait impérieusement que M. Vernière ne fut point inquiété. M. Dupin dut opérer une reculade et renoncer, momentanément du moins, à sa petite vengeance.

Cette délibération commençait au verso d'une page, le malencontreux paragraphe se trouvait au recto de la page suivante qui fut déchirée, et cette feuille, dès-lors volante, a fort heureusement, je serais presque tenté de dire miraculeusement, échappé à la destruction et vient, après 44 ans, se dresser comme un acte d'accusation pour flétrir la mémoire d'hommes sans scrupule et sans délicatesse.

Et quel enseignement ! voilà des conseillers chargés de la direction des affaires de leur Commune, qui supprimaient un acte authentique sans même paraître se douter, il faut le croire, que leur responsabilité était engagée et qu'il existe des articles 173 et 254 du Code pénal qui punissent de pareils méfaits.... Si l'on avait choisi les plus capables de la localité, les autres devaient être forts !

Je suis vraiment surpris lorsque je vois des journaux, dont on ne peut certainement suspecter les convictions, demander, pour les communes, la liberté de s'administrer elles-mêmes. Ces journaux, s'imprimant tous dans des villes plus ou moins importantes, jugent, selon toute probabilité, d'après ce qui se passe chez eux ; mais où donc en serions-nous si les intérêts des habitants de la majeure partie de nos villages, par exemple, étaient, sans contrôle aucun, à la merci de leur Conseil ? L'autorité de Messieurs les Préfets est-elle donc si tracassière que l'on doive crier à la tyrannie ? Je viens de citer plusieurs arrêtés préfectoraux lancés consécutivement, il y a de cela plus d'un demi-siècle, qui n'ont pas encore été suivis du plus petit commencement d'exécution, et bien certainement je ne prétends pas avoir mis la main sur les seuls qui se trouvent en pareil cas ; bien d'autres, sans doute, ont éprouvé les mêmes vicissitudes et subi les mêmes destinées !

Pour les affaires d'un intérêt majeur, comme pour celles d'un moindre intérêt, il est indispensable que l'on puisse avoir recours à l'administration supérieure, et ce serait un grand malheur qu'un conseil put, à son gré, prononcer en dernier ressort. Je ne trouve rien d'inique comme un jugement sans appel.

Les abus que je viens signaler cesseraient-ils plutôt, si le Conseil municipal d'Aniane pouvait se passer du contrôle de la Préfecture, si peu embarrassant du reste, puisque M. Vernière a pu, malgré tout, non seulement arroser sa luzerne avec l'eau de sa fabrique, mais encore laisser subsister la prise d'eau et le mur du jardin dont la suppression était demandée à cor et à cris en 1823 et que rien, jusqu'à ce jour, n'a pu forcer une minorité fort audacieuse à se conformer à des règlements pleins de sagesse ? Le gaspillage de l'eau de Saint-Rôme ne continuerait-il pas de plus belle, s'il était possible, au détriment de la Commune frustrée d'une partie de son budget ? Est-elle donc si riche pour que l'on néglige une ressource aussi précieuse ? Le Conseil municipal me paraît cependant, en d'autres circonstances, plus soucieux de l'intérêt général, puisqu'il autorise la population à défricher les vacants de Bernagues, moyennant une redevance. Est-ce parce que dans cette combinaison son intérêt n'est pas en jeu ? Cela paraît être, et je demande à ceux qui, profitant de cet état de choses illégal, mettent à contribution la fontaine publique pour leurs usines ou leurs jardins, si cette eau leur appartient davantage que les rochers de Bernagues ? Pourquoi les fabricants tanneurs ne paient-ils pas un sou pour l'usage de l'eau qui leur est indispensable et à laquelle ils doivent leur fortune, tandis que les pauvres diables qui vont à la sueur de leur front changer des hermes en vignes peu fertiles, sont dans l'obligation de payer une rétribution ? N'est-ce pas une injustice criante ?

Et quand je dis que cette minorité, non seulement use de l'eau mais qu'elle en abuse, je ne veux pour témoignage de la vérité de mon assertion, que la pétition, elle-même, de M. Vernière. Cet industriel demande à pouvoir arroser sa luzerne avec l'excédant des eaux de sa fabrique, alors que le Conseil municipal prétend « *que son usine n'a besoin tout au plus que de la quantité que peuvent donner trois trous d'une ligne chacun percés dans une plaque !!!* »

Si de 1823, nous passons à 1867, nous trouvons les choses dans un état plus pitoyable encore et sans beaucoup d'efforts d'imagination, il est facile de concevoir que le canal de Saint-Rôme qui, autrefois, ainsi que je l'ai dit, arrosait la ville, livré à l'arbitraire le plus sans gêne, ne subissant aucune réparation, fournit à peine l'eau nécessaire à l'alimentation des diverses prises, devenues des gouffres, il est vrai, et son lit transformé en ruisseau, et ruisseau encombré de plantes aquatiques, peut tout au plus conduire les eaux dans le jardin de M. Vernière, d'où elles ne sortent plus.

Je le répète, le mur condamné en 1823 est encore debout et ne paraît devoir être abattu de sitôt. Si M. Dupin revenait, il se trouverait distancé ! Il verrait ses successeurs et un Juge de paix, trouver parfait, aujourd'hui, ce qui autrefois était taxé d'injustice et d'usurpation. Et maintenant, sachant combien il est facile, avec un peu d'audace, d'en imposer à la masse de la population ignorante et craintive, comment pourrait-on espérer de voir cesser ces abus scandaleux si nous n'avions notre recours à l'autorité préfectorale, puisque chez nous, ceux qui devraient donner l'exemple du respect des règlements sont les premiers à les violer.

Je sais bien que pour légitimer ces usurpations, on invoquera l'intérêt général ; sans ses prises, dira-t-on, les usines qui emploient beaucoup de bras n'existeraient pas. C'est vrai, très-vrai même, c'est justement à cause de cela qu'il conviendrait de payer l'eau qui appartient à la Commune. Dans tous les cas, je ne vois pas pourquoi Messieurs les tanneurs ne construiraient point leurs usines le long du ruisseau de Corbières ou de la rivière de l'Hérault; ce ne serait pas un malheur pour Aniane, au contraire, car je ne crois pas du tout que l'on doive éprouver une bien vive satisfaction quand, entrant en ville par la route de

Puéchabon, on passe devant les fabriques de Messieurs Vernière, surtout l'été.

Monsieur Vernière, juge de paix, ne jouit-il pas encore de la prise construite par son père pour l'alimentation d'une fabrique de crême de tartre qui ne fonctionne plus depuis longtemps? L'effet n'aurait il pas dû cesser en même temps que la cause? Sans doute, l'eau de Saint-Rôme lui sert à se laver les mains de toute cette affaire ; et M. Eugène Vernière, le frère de M. le maire actuel, qu'invoquera-t-il pour justifier son usurpation? Est ce l'intérêt général qui veut que ce petit propriétaire, marguillier, etc., etc., ait aussi sa grande prise d'eau dans le jardin adminitratif? Est-ce l'intérêt public qui veut que M. le Maire actuel et les héritiers de M. le Maire défunt aient aussi leur ou leurs prises dans cet enclos dérobé aux yeux des profanes, sans compter celles qu'ils ont sur le cours du canal? Quand on ne craint rien, on ne se cache pas.

Si M. le Préfet eût pu obtenir la réglementation de la fontaine Saint-Rôme, il aurait rendu un service marquant à la localité ; le canal entretenu porterait les eaux en ville et contribuerait puissamment à son assainissement. On aurait vu s'augmenter le budget de la ville, privée de ressources et obligée, à cause de l'exiguité de ses revenus, à laisser ses rues tortueuses dans l'obscurité la plus complète, faute de pouvoir acheter l'huile nécessaire à l'éclairage.

Quand Aniane était moins importante, quand la ville n'avait pas de maison centrale, pas de garnison, pas de gendarmerie, le Conseil municipal trouvait absolument nécessaire que l'on dépensât quelques centaines de francs pour l'éclairage des rues, et aujourd'hui que son importance est plus considérable, on trouve qu'une pareille dépense est superflue. Eh bien ! quoi qu'en dise le Conseil municipal, je me permets de penser le contraire ; jamais il n'a été plus nécessaire que la ville soit éclairée, au moins jusqu'à onze heures, les nuits pendant lesquelles la lune est cachée.

Pourquoi donc jouer aux extrêmes ? Notre administration, parcimonieuse quand il serait nécessaire qu'elle ne le fut pas, est dans d'autres occasions d'une largesse inouie et ruineuse. Pourquoi avoir voté 60,000 francs pour l'établissement d'une route aussi notoirement inutile que celle d'Aniane à Saint-Paul par Laboissière, quand on n'a pas de quoi acheter un peu d'huile !!!

Je ne viens pas ici discuter ce fait, mais je dois dire, et ma qualité de contribuable m'en donne le droit, que l'idée de ce projet n'a pu sortir que d'un cerveau insensé, et, s'il le fallait, je le prouverais. Je sais que mon opinion peut froisser bien des amour-propres, mais je dis vrai et ne craindrai jamais de dire la vérité. Voila un de ces faits entre mille qui démontrent mieux que ne sauraient le faire tous les raisonnements, que, si les conseillers municipaux sont tous majeurs, cela ne prouve pas que les conseils n'aient besoin et grand besoin de tutelle.

Mille faits viendraient, du reste, démontrer jusqu'à l'évidence que l'on a toujours porté une attention médiocre à la gestion des deniers de notre localité. Pourrait-on croire qu'il y a quelques mois à peine, le balayage des rues se faisait en régie ; comme conséquence inévitable, il était très-mal opéré et occasionnait chaque année un déficit assez considérable. Je ne suis point naturellement trop curieux, mais je voudrais bien savoir comment on utilisait les fumiers qui en provenaient ?

Aujourd'hui, l'on procède par adjudication ; le budget s'en trouve bien; l'état sanitaire n'en ira pas plus mal et les choses seront pour le mieux, lorsque l'eau de Saint-Rôme lavera les rues, au moins une fois par semaine, et que nous ne verrons plus le corrompu des tanneurs jouir exclusivement du droit de cité et promener triomphalement du Nord au Sud d'Aviane, ses flots chargés de débris dégoûtants et pestilentiels.

Ce sujet m'amène à parler de la façon aussi énergique qu'infructueuse employée pour forcer un industriel, maître cordonnier et fabricant de poudrette, à désinfecter les matières fécales accumulées dans la propriété de M. Braujou, sur les bords de l'Hérault. Je parle au point de vue de mon odorat, car c'est une affaire d'appréciation; la poudrette ne sentant pas plus mauvais, pour M. Heyrand, que le corrompu pour les tanneurs Eh bien ! on a poursuivi à outrance ce fabricant, tandis qu'on laissait le corrompu de la tannerie des héritiers de M. le Maire défunt suffoquer le quartier compris entre la Croix de la mission et l'égoût construit près du bureau des Messageries de M. Campagne, c'est-à-dire sur une centaine de mètres environ. Le contraire serait arrivé, précisément, si M. Heyraud eût été Maire. Il fallait, ce me semble, pour être logique, actionner les uns et les autres.

Comme dans le cours de cette brochure, je nomme très-souvent les Messieurs Vernière, on pourrait supposer que c'est contre eux qu'elle est écrite, ce serait une erreur grave; je ne suis l'ennemi de personne, et si ce nom revient toujours sous ma plume, c'est que, plus que tous les autres, ils se sont emparés de la source Saint-Rôme qui semble être en leur possession exclusive. Quant aux autres industriels ou propriétaires qui jouissent des eaux de la fontaine, leur rôle est tellement modeste, que j'ai dû mentionner seulement leur usurpation sans les désigner.

Je crois avoir démontré de manière à ne laisser aucun doute dans l'esprit de personne qu'il existe chez nous des abus tels, que l'on est porté à se demander comment ils ont pu subsister jusqu'à ce jour. Mais, après avoir démontré le mal, il me sera bien aisé d'indiquer le remède; le voici :

Exiger l'exécution pure et simple de l'Arrêté Préfectoral du 21 novembre 1823.

Le rappel des redevances qui auraient dû être payées depuis cette époque.

La démolition immédiate du mur du jardin de M. Vernière, dans la parties qui longe le canal, et enseigner à nos administrateurs le respect dû à l'Autorité Préfectorale qui, à Aniane, devrait être tout, et n'y est rien.

C. PLANTEL.

www.ingramcontent.com/pod-product-compliance
Lightning Source LLC
Chambersburg PA
CBHW070540050426
42451CB00013B/3103